AF494245

17 Décembre 1888

Vente des Lundi 17 et Mardi 18 Décembre 1888

HOTEL DROUOT, SALLE N° 5

A DEUX HEURES

BELLE COLLECTION

OBJETS D'ART

ET

D'AMEUBLEMENT

DU XVIIIe SIÈCLE

EXPOSITION PUBLIQUE

Le Dimanche 16 Décembre 1888, de 1 heure 1/2 à 5 heures

Me ESCRIBE	M. A. BLOCHE
COMMISSAIRE-PRISEUR	EXPERT
rue de Hanovre, n° 6	rue Chauchat, n° 23

PARIS — 1888

IMPRIMERIE MAULDE ET RENOU

A. MAULDE & Cie

IMPRIMEURS DE LA COMPAGNIE DES COMMISSAIRES-PRISEURS

Rue de Rivoli, 144

CATALOGUE

D'UNE JOLIE COLLECTION

ANCIENNES PORCELAINES

DE

SÈVRES, TOURNAI, SAXE, CHINE, JAPON

ET AUTRES

Groupes, Statuettes, Pièces de forme et d'échantillons

MONTÉES ET NON MONTÉES

Faïences françaises, italiennes et hollandaises, Matières précieuses
Argenterie

BEAUX OBJETS D'AMEUBLEMENT

DU XVIIIe SIÈCLE

Bronzes — Marbres — Meubles

TABLEAUX MODERNES

Curiosités diverses

DONT LA VENTE AURA LIEU

HOTEL DROUOT, SALLE N° 5

Les Lundi 17 et Mardi 18 Décembre 1888

A DEUX HEURES

Me ESCRIBE	M. A. BLOCHE
COMMISSAIRE-PRISEUR	EXPERT
rue de Hanovre, 6	rue Chauchat, 23

EXPOSITION PUBLIQUE

Le Dimanche 16 Décembre 1888, de 1 heure 1/2 à 5 heures.

PARIS — 1888

CONDITIONS DE LA VENTE

Elle sera faite au comptant.

Les Acquéreurs paieront CINQ CENTIMES PAR FRANC en sus des adjudications.

L'Exposition mettant les Acquéreurs à même de se rendre compte de l'état des Objets, aucune réclamation ne sera admise une fois l'adjudication prononcée.

DÉSIGNATION

PORCELAINES DE SÈVRES, DE TOURNAI ET AUTRES

1 — Ecuelle et son plateau, en porcelaine tendre de vieux Sèvres, décor camaïeu rose d'amours, d'après Boucher.

2 — Ecuelle et son plateau, en porcelaine tendre de vieux Sèvres, fond blanc, décor a bouquet de fleurs, en couleur.

3 — Petit Plateau, forme ovale en Sèvres, pâte tendre, décor de paysage avec rivière et figures.

4 — Beurrier en Sèvres tendre, fond blanc, décor de fleurs.

5 — Plat creux, en Sèvres tendre, fond blanc à bouquet de roses.

6 — Tasse et sa soucoupe en vieux Sèvres tendre, avec réserve de bleu turquoise et décor de fleurs.

7 — Tasse vieux Sèvres et sa soucoupe, fond vert, à œil de perdrix.

8 — Chien dogue, en porcelaine tendre de Chelsea.

9 — Petit Pot, forme cylindrique en Sèvres tendre, décor d'oiseaux.

10 — Tasse et sa soucoupe, en vieux Sèvres, à bandes bleues et or.

11 — Tasse et sa soucoupe, en vieux Sèvres, décor de paysage avec canards.

12 — Tasse et sa soucoupe, en vieux Sèvres, fond blanc, décor d'oiseaux.

13 — Deux charmantes petites statuettes, en pâte tendre Louis XVI, *serviteur* et *servante* en costume de l'époque.

14 — Groupe Louis XVI, en biscuit de Sèvres, l'*Espérance nourrit l'Amour,* monture bronze.

15 — Groupe Louis XVI, en biscuit de Sèvres, *Nymphe et Amour*, monture bronze.

16 — Deux petits vases, en pâte tendre de Tournai, décor d'oiseaux.

17 — Coupe, forme coquille en porcelaine à la reine, décor de fleurs.

ANCIENNES PORCELAINES DE SAXE ET D'ALLEMAGNE

18 — Petite Pendule, forme violon, époque Louis XV, avec fleurs en relief, monture en bronze.

19 — Deux petits Flambeaux, même époque, avec fleurs en reliefs, monture bronze.

20 — Figurine de Saxe Louis XV, le joueur de vielle, formant candélabre à 2 lumières.

21 — Figurine de Chinois accroupi, tenant un singe, pendant de la précédente.

22 — Groupe de 4 figurines : Enfants représentant *les Saisons*, monture rocaille.

23 — Groupe de 4 figurines : Le Cerisier, avec monture, bronze doré.

24 — Deux Petites perdrix, vieux Saxe, formant pendants.

25 — Groupe, en Saxe : *Comlat de Chiens.*

26 — Groupe, en Saxe blanc : *Le galant Soldat.*

27 — Groupe, en Frankenthal : Tigre dévorant un âne.

28 — Grande pièce, en Saxe blanc : Singe tenant un chapeaux, formant corbeille, avec riche monture à rocailles, en bronze doré.

29 — Plateau fond blanc, à bouquets de fleurs, monture en bronze doré.

30 — Statuette de Saxe : *Jeune garçon tenant une poule*, formant flambeau Louis XV, à 2 branches, bronze de *Caffieri*.

31 — Statuette de Saxe, formant drageoir, monture rocaille.

32 — Statuette, formant pendant de la précédente.

33 — Enfant assis, en Saxe, sujet allégorique de l'*hiver*.

34 — Statuette de Saxe : *Amour* tenant un écusson.

35 — Petite Horloge formée par deux statuettes en Saxe, monture en bronze Louis XV.

36 — Deux petites statuettes en Saxe : Enfants nus, debout.

37 — Deux autres petites statuettes : *Pierrette et Pâtissier*, en vieux Saxe.

38 — Petit groupe en Saxe : *Enfant couche sur un tigre*, monture Louis XV.

39 — Statuette en Saxe : Le Joueur de vielle.

40 — Statuette de Saxe : *Jeune femme* en costume Louis XV, tenant une fleur.

41 — Vase en ancienne porcelaine de Charles Théodore, forme rocaille.

42 — Bouc sur terrasse en Saxe, décor de fleurs.

43 — Biche courant, en ancienne porcelaine de Saxe.

44 — Petit Chien les oreilles relevées et Petit Chat en vieux Saxe.

45 — Chardonneret perché sur un tronc d'arbre en vieux Saxe.

46 — Bison sur une terrasse ornée de fleurs en vieux Saxe.

47 — Chèvre debout, monture à rocaille en bronze doré.

48 — Vache couchée, monture à rocaille en bronze doré.

49 — Mésange et son pendant perchées sur un tronc d'arbre.

50 — Deux petites Perdrix en vieux Saxe.

51 — Chien carlin couché, monté en bronze formant Vide-Poche.

52 — Deux Tasses de Saxe Louis XV, fond carmin décor de paysages.

53 — Deux Saucières de Saxe Louis XV, décor à fleurs.

54 — Poule couveuse en Saxe, époque *Marcolini*, formant Vide-Poche.

55 — Autre pièce de même époque.

56 — Deux petites Gourdes de Saxe *Marcolini*, fleurs en haut relief.

57 — Petite Corbeille en Saxe blanc et Petit Vase.

58 — Trois pièces Saxe formées par des Poissons, des Éventails et des Lettres.

59 — Statuette allégorique en porcelaine de Charles-Théodore.

60 — Corbeille et son Plateau en ancienne porcelaine de la Courtille.

61 — Corbeille et son Plateau de même fabrication.

62 — Encrier et Poudrière de forme carrée en vieux Saxe à fleurs.

63 — Petit Groupe de Saxe: *Enfant couché sur un tigre*, monture bronze Louis XV.

64 — Statuette en Saxe: *Joueur de cornemuse.*

65 — Statuette en Saxe: *Jeune Villageoise* tenant une fleur à la main.

66 — Deux Tasses Louis XIV fond carmin à décors de paysages.

67 — Groupe en ancienne porcelaine de Saxe: deux amours.

68 — Chien de chasse en ancienne porcelaine de Saxe sur socle époque Louis XVI avec fleurs de Saxe.

PORCELAINES DE CHINE ET DU JAPON

69 — Deux Pièces céladon turquoise, monture rocaille formant encrier.

70 — Deux Vases, forme aplatie en céladon turquoise, monture rocaille.

71 — Petit Panier en vieux blanc de Chine, avec anse en bronze.

72 — Cornet en céladon turquoise, monture en bronze doré.

73 — Boîte en porcelaine de Chine, orné de statuettes et chimère.

74 — Deux Poissons, vieux Chine, formant pendants, monture rocaille.

75 — Petite Caisse à fleurs, en Japon de couleur.

76 — Petite Cafetière du Japon, décor bleu à fleurs.

77 — Deux petites Bouteilles Chine, de la famille verte.

78 — Groupe en vieux Chine avec oiseaux et branchanges.

79 — Plat creux de Chine, en couleur, décor de poissons et fleurs.

80 — Plat creux du Japon, décor bleu, rouge et or.

81 — Petit Plat en Japon, décor de marguerites.

82 — Petit Plat famille rose de Chine, à fleurs et lambrequins.

83 — Deux assiettes Chine famille verte, fleurs rouges.

84 — Deux Assiettes Chine, décor peau de serpent et armoirie.

85 — Deux petits Vases, forme balustre, Japon bleu, montés en bronze.

86 — Très jolie Théière en vieux Chine, fond vert et noir, à fleurs.

87 — Petit Bol Chine, avec ancienne monture en bronze.

88 — Groupe en Chine, oiseaux et branchages, formant flambeaux, en bronze.

89 — Autre Groupe, oiseaux et branchages, formant pendant au précédent.

90 — Petit Pot à couvercle, Japon bleu, monture bronze, époque Louis XIV.

91 — Petit Vase Japon bleu, forme gourde, monture en bronze doré.

92 — Douze belles Assiettes en vieux Chine, à lambrequins et fleurs.

93 — Sucrier en vieux Japon, avec son plateau.

94 — Ecuelle et son plateau, en vieux Chine.

95 — Deux petits Vases, forme tonnelets, en vieux Japon.

96 — Deux petites Bouteilles à long col, Chine, famille rose.

97 — Pot à anse, en vieux Japon, en couleurs.

98 — Deux grands Plats en vieux Japon, décor bleu.

99 — Deux petites Bouteilles Chine, à long col, en bleu jaspé.

100 — Deux Tasses et Soucoupes, coquille d'œuf, vieux Chine, à fleurs.

101 — Quatre Tasses, famille verte et soucoupes, dont deux à pans coupés.

102 — Salière en Chine, de la famille verte.

103 — Quatre Soucoupes coquilles d'œuf, à figures et volatiles, fond or.

104 — Deux petits Vases forme gourde, Chine, décor rouge.

105 — Deux Tasses et leurs soucoupes, en vieux Satzuma.

106 — Deux Tasses Chine, à fleurs et à sujets mythologiques.

107 — Deux Tasses fond or, à figures et bouquets de fleurs.

108 — Deux petites Salières en Japon, décor bleu.

109 — Petite Coupe en céladon, forme fruit, et Encrier en Chine.

110 — Quatre petits Vases, forme aplatie, en céladon gris et bleu.

111-112 — Tasse de Chine à lambrequins et fleurs et deux Tasses famille rose, à pans coupés.

113-114 — Deux Tasses et soucoupes, famille rose, à fleurs et deux autres à médaillon et fleurs.

115 — Petite Souris en vieux céladon et petit Plateau en émail.

116 — Tasse à couvercle et Tasse décorée de dragons verts.

FAIENCES DIVERSES

117 — Vase en faïence de Marseille, décor à figures.

118 — Deux Tasses et leurs Soucoupes en ancienne faïence de Marseille à figures.

119 — Ecuelle et sonPlateau en faïence de Milan, décor rouge et or.

120 — Grand Plat en faïence de Naples, décor de fresque, et sujet mythologique.

121 — Grand Plat en faïence de Naples avec armoirie.

122 — Plaque en faïence de Castelli : *Le Passage du gué.*

123 — Plaque en faïence de Castelli : *Bergers gardant un troupeau.*

124 — Plaque en faïence de Castelli, décor à figures d'après Lancret.

125 — Plaque en faïence de Castelli, décor de sujets mythologiques.

126 — Jardinière en ancienne faïence de Strasbourg, décor à fleurs.

127 — Saucière en faïence de Marseille avec Plateau et Couvercle.

128 — Deux petits Cornets en ancienne faïence d'Urbino.

129 — Horloge en ancienne faïence de Lunéville, avec figurines d'amour.

130 — Salière en ancienne faïence de Marseille, formée par une figure de femme.

131 — Deux petites Assiettes en faïence de Naples.

132 — Deux petits Vases forme Médicis, en Nevers, fond bleu de Perse.

133 — Plat creux en ancienne faïence de Castelli, *Chasse au lion.*

134 — Petit Beurrier en vieux Delft, décor bleu.

135 — Salière en ancienne faïence de Strasbourg, figurant un navire.

136 — Deux Soucoupes en faïence de Delft et une de Milan.

137 — Deux Cache-Pot en ancienne faïence de Marseille, anses tressées.

138 — Deux petits Chiens et un petit Buste de femme en vieux Delft.

139 — Deux petits Vases à anses en Delft bleu.

ARGENTERIE

140 — Deux petits Vases à couvercle en argent repoussé xviie siècle.

141 — Deux Salières argent doré, décor à jour avec animaux chimériques.

142 — Moutardier Louis XIV en argent repoussé.

143 — Deux petits Sucriers en argent gravé.

144 — Deux petits Vases du xvie siècle, en argent doré, à anses, ornés de fleurs de lys.

145 — Grande Coupe à fruits forme trépied en argent, partie dorée.

146 — Petit Plateau Louis XIII en argent doré repoussé.

147 — Petit Gobelet en argent doré, orné de médailles.

148 — Cafetière en argent, ancien travail oriental.

149 — Sucrier Louis XIV en argent, parties gravées.

150 — Deux Salières doubles à anses en argent, époque Louis XVI.

151 — Deux Salières Louis XVI à ornements fondus, avec verres bleus.

OBJETS D'AMEUBLEMENT

152 — Très jolie Pendule Louis XVI en bronze doré orné de deux statuettes en biscuit de Sèvres : *les Liseuses*.

153 — Belle Pendule en bronze doré ornée de trois statuettes de femmes nues tenant des guirlandes de fleurs, sur socle en vieux Sèvres tendre, offrant dans le haut un amour tenant le médaillon de Henri IV.

154 — Deux petits Candélabres à 2 lumières, en bronze doré, bouquets de roses, sur socle en Sèvres bleu.

155 — Deux Appliques Louis XVI à 2 lumières formées par des enfants doubles en bronze doré.

156 — Deux petites Appliques Louis XVI à une lumière en bronze doré.

157 — Deux petites Statuettes bronze argenté formant candélabres à 2 lumières sur socle en serpentin vert.

158 — Deux petites Lampes en ancienne porcelaine de Chine.

159 — Deux Chenets forme rinceaux en bronze, style Louis XVI.

160 — Encrier en laque de Chine avec godets octogones en Chine.

161 — Grande Statuette de femme drapée, debout, en bronze, époque Louis XIV.

162 — Petite Statuette en bronze doré : *le Fauconnier*.

163 — Deux Statuettes porte-balles, bronze époque Louis XIV.

164 — Groupe en bronze sur socle en porphyre : allégorie de *l'Hiver*.

165 — Deux petits Vases forme balustre Louis XVI, en marbre à paillons montés en bronze.

166 — Statuette de Clodion : *Nymphe couchée*, bronze noir avec monture dorée.

167 — Tête d'enfant en bronze : *le Rieur*, sur socle en vert grenat.

168 — Deux Statuettes de chinois en bronze, formant candélabres à 2 lumières.

169 — Belle Pièce en Chine à fleurs en couleur sur fond noir, montée.

170 — Deux beaux Chiens de Saxe, montés sur des coussins, en bronze doré.

171 — Deux Candélabres de Saxe à 3 lumières : Enfants et fleurs.

172 — Deux Chats céladon turquoise, monture rocaille en bronze doré.

173 — Deux Vases, porcelaine bleue, à médaillons de fleurs et fruits montés en bronze doré, style Louis XVI.

174 — Jardinière de Sèvres bleu avec bas-relief biscuit, montée en bronze doré.

175 — Deux petits Vases, forme bouteille, céladon flambé, montés en bronze doré.

176 — Deux Chimères, vieux céladon turquoise, monture rocaille

177 — Jolie petite Corbeille en Japon, décor bleu, monture rocaille.

MEUBLES

178 — Meuble vitrine à deux corps en bois des îles ornée de bronze époque Louis XIV.

179 — Meuble-Vitrine en bois de rose orné de bronze époque Louis XVI.

180 — Meuble-Vitrine à hauteur d'appui en bois de rose à dessus de marbre, époque Louis XVI.

181 — Vitrine à deux corps et à pans coupés en poirier noirci garni de cuivre.

182 — Autre Vitrine de forme droite, même travail.

183 — Petite Table en bois de fer ornée de marqueterie de nacre.

184 — Petite Table d'enfant en bois de violette.

185 — Vitrine en bois noir ornée de marqueterie d'ivoire et écaille.

186 — Petite Table à ouvrage Louis XVI, en bois de rose et marqueterie.

187 — Petite Table Louis XVI à galerie, dessus en marbre brêche,

188 — Petit Cabinet en laque de Chine garni d'ivoire.

189 — Petit Canapé Louis XVI bois doré couvert en soie fond vert à fleurs.

190 — Deux Chaises Louis XVI à arcades bois doré couvertes en soie à fleurs.

191 — Deux autres Chaises Louis XVI à arcades bois doré couvertes en soie à fleurs.

192 — Deux Chaises Louis XV bois naturel couvertes en soie fond vert à fleurs.

193 — Bonheur-du-jour Louis XVI en acajou, garni de cuivre.

194 — Glace Louis XIV avec cadre en bronze doré à fronton.

MARBRES

195 — Joli Buste de *Jeune Fille*, les cheveux relevés, retenus par un ruban.

196 — Groupe : *Enfant à l'Oiseau*, sur socle bronze doré.

OBJETS DIVERS

197 — Boite en bois de fer ornée de reliefs d'ivoire et de nacre.

198 — Jardinière à anses bronze chinois, sur socle en bronze.

199 — Vase Louis XIV en ivoire avec haut-reliefs d'enfants, monture vermeil.

200 — Grande Boîte carrée en écaille noire piquée, époque Louis XIV.

201 — Miroir octogone ébène et bronze doré orné de mascarons époque Louis XIII.

202 — Tableau bas-relief appliqué en argent et daté 1561 l'adoration des bergers.

203 — Haut-relief en terre cuite, époque Louis XIV, amours tenant un médaillon.

204 — Satuette bois sculpté, montée en argent formant vide-poches.

205 — Statuette en ivoire, Enfant tenant des raisins ancien travail de Dieppe.

206 — Petit Buste en terre cuite, Portrait de Dame, époque Louis XIV.

207 — Petit Baromètre dans son cadre sculpté, époque Louis XIV.

208 — Petit Cadre de calendrier en bois doré Louis XVI.

209 — Eventail Louis XVI avec gouache monté en ivoire.

210 — Petite Coupe en agate herborisée, monture Louis XVI, bronze doré.

211 — Petite statuette du XVIe siècle en bronze doré : *Saint-Sébastien*.

212 — Deux petites Jardinières en cloisonné à trois lobes.

213 — Deux bouteilles cloisonnées de la Chine à têtes d'éléphants.

214 — Petite Coupe en jade ornée de branchages en haut-relief.

215 — Tasse en agate orientale à deux anses.

216 — Tasse en agate orientale à une anse, sur socle bois de fer à jour.

217 — Coffret avec plaques d'émail à paillons Louis XVI monté en bronze.

218 — Quatre Statuettes en ivoire japonais.

219 — Plaque de ceinturon, ivoire garni en bronze et deux petites Boites à reliefs.

220 — L'Imitation de Jésus-Christ, édition Curmer, un volume orné de nombreuses planches en chromo-lithographies. Magnifique reliure en écaille vierge, monture en argent doré et émaillé style byzantin, encadrant deux bas-reliefs en ivoire finement sculpté par Nordest, représentant l'un les trois vertus théologales et l'autre le buste du Christ.

TABLEAUX MODERNES

221 — **Brown** (John-Lewis). Arabe à cheval dans un site montagneux.

222 — **Besson** (Faustin). Dame tenant un perroquet.

223 — **Brochart**. Jeune Fille en costume oriental.

224 — **Brochart**. Pendant du précédent.

225 — **Weber**. Barques de pêcheurs en pleine mer.

226 — **Guillemain**. Intérieur alsacien.

227 — **Brissot**. Moutons au pâturage.

228 — **Plassan**. Le Déjeuner.

229 — **Goupil**. Tête de jeune femme.

230 — **Lemmens**. Paysage. La Mare aux canards.

231 — **Lepoittevin (E.)**. La Chasse et la Pêche (deux pendants.

232 — **Jules Noël**. Une rue à Hennebon.

223 — **Jules Noël**. Une rue à Morlaix.

234 — **Willems**. La Frileuse.

235 — **Bellangé (H.)**. Épisode des guerres d'Afrique.

236 — **Moché**. Le vieux galant.

237 — **Nicolas** (Marie). L'indiscrète.

238 — **Grandchamp**. Une rue au Caire.

239 — **Léonide Bourge**. Jeune paysanne occupée à coudre.

240 — **Legrand**. Jeune homme en costume Louis XVI lisant.

241 — **Richard** (Jules). Paysan se chauffant.

242 — **Richard** (Jules). Intérieur rustique.

243 — **Lenfant de Metz**. Deux petits Tableaux formant pendants.

244 — **Lenfant de Metz**. Le petit Chaperon Rouge.

245 — **Mas**. — Environs de Naples.

246 — **Mirablis**. Deux Tableaux formant pendants.

247 — **Karl Girardet**. Vue d'Orient.

248 — **Philippoteaux**. Un Café au Caire.

249 — **Rozier** (Jules). Effet de matin. Vaches allant au labour.

550 — **École Anglaise**. Paysage des bords de la Tamise.

251 — **École Belge**. La halte.

252 — **Genaille**. Petit pâtre italien.

253 — **Yon**. Vue des bords de l'Oise.

254 — **Flers**. Environs de Rouen.

255 — **Lemmens**. Intérieur de basse-cour.

256 — **Jules Héreau**. La rentrée des moutons.

257 — Tableaux et objets non catalogués.

A. Maulde et Cie, imprimeurs de la Compagnie des Commissaires-Priseurs, rue de Rivoli, 144. 400—92615

www.ingramcontent.com/pod-product-compliance
Ingram Content Group UK Ltd.
Pitfield, Milton Keynes, MK11 3LW, UK
UKHW020524180726
13839UKWH00005B/2284

9 782329 539140